श्रृंगारिका

डॉ. अशोक आज़ाद

INDIA • SINGAPORE • MALAYSIA

ISBN
Hardcase 979-8-88641-626-8
Paperback 979-8-88629-932-8

समर्पण

यह "श्रृंगारिका" ब्रम्हांडीय शाश्वत सच प्रेम को समर्पित है।

मेरी कलम से....

प्रेम अर्थात सकारात्मक भाव की चरम सीमा को पार करना, आत्मा का आत्मा से जुड़ाव "प्रेमानुभूति" को स्वतः समर्पित मेरी साहित्य यात्रा का छोटा सा पड़ाव मेरा नवीन काव्य संग्रह "श्रृंगारिका" है।

प्रेम वह शाश्वत सत्य है जिसकी उर्जा के अहसास के लिए किसी भाषा बोली की आवश्यकता नहीं है। प्रेम समस्त लोकों में विद्यमान है, आदि से अंत तक सृष्टि के हर जीव में प्रेम की अनुभूति रहेगी। "प्रेम" ढाई अक्षर का अनंत विस्तार है, जिस पर लिखना प्रयास मात्र है।

"प्रेम शब्द की कई परिभाषा

युगो-युगो की है अभिलाषा

समय काल महाकाल को हराया

युगों-युगों स्वरूप को पाया

रक्त में प्रेम जिसके उतरता गया

लोकों जीवों में प्रेम संवरता गया"।

प्रेम के आकर्षण को चेतावनी "तुम मुझसे मोहब्बत मत करना" में इंगित की गई है।

"हुस्न तू मुझसे कर ले किनारा
तू अंगड़ाई है मैं परछाई हूं
तू घबराई है मैं गहराई हूं,
तू कैसे मुझको पकड़ेगी?
मैं रंग-बिरंगी निशानी हूं"।

श्रृंगारिका में अनेक प्रेम रचनाएँ हैं, जिसमें प्रेम, मिलन, समर्पण, सौन्दर्य, हास्य, व्यंग्य, सीख समाहित है। प्रणय निवेदन 'हमारी मोहब्बत' 'चितचोर मन की' और 'तस्वीर' रचनाओं से रेखांकित किया है। प्रेम सन्दर्भों पर नोंक झोंक हास्य व्यंग्य 'तुम पीर पराई क्या जानो' मेरे काव्य संग्रह का अभिन्न भाग है।

इस काव्य संग्रह की समस्त कृतियां मानव प्रेम के विभिन्न पहलुओं व आयामों के स्पर्श अभिव्यक्ति का लघुप्रयास है। हर रचना में अपनी आत्माभिव्यक्ति निरूपित करने का सदाशय, इसके एक अंश के भी मेरे पाठकों के हृदयगत होने पर मैं स्वयं को कृतार्थ मानूंगा।

पाठकजनों से मेरी रचनाओं पर प्रतिक्रिया/आलोचना/समालोचना की प्रतीक्षा रहेगी।

साभार।

आपका

डॉ. अशोक आज़ाद

अनुक्रमणिका

प्रेम

प्रेम की ऐसी परिपाटी सीखी

प्रेम को पढ़ता, प्रेम को गढ़ता गया

प्रेम में कोई असर से गया

कोई ना जाने प्रेम किधर से गया

प्रेम को समझा, कुछ भी ना समझा

मैं लिखता गया प्रेम, प्रेम बढ़ता गया।

प्रेम को पाया है, हर रूप

बदला पल-पल स्वरूप

घाव ना भाव ना अभाव

जाने कैसे हृदय हाव

मैं ठंडक में इसकी उतरता गया

यह गर्मी की भांति ही चढ़ता गया।

समय से जीता, समय से हारा

अमर बन अमृत्य को मारा

ईश्वर भी इसकी धुन पर नाचे

ग्रंथ ने ग्रंथ से ग्रंथ को बांचे

मीरा कबीरा से तरता गया
मुरली के अधरों से जड़ता गया।

प्रेम में डूबा, प्रेम को तैरा
प्रेमी ने जाना, ना कुछ मेरा
प्रेम किया, नयनो से हारा हुआ है
बुद्धि विवेक से मारा हुआ है
मैं वायु की भांति सरल सा गया
वह अंखियों से मुझे छलता गया।

प्रेमी की वाणी में है जग डूबा
प्रेम का परिचय हरित दूबा
प्रेम को ना जाना ना सांझा
प्रेम लगन आँखों का मांझा
राधा की पीड़ा का भंवर सा गया
उधो को देख निखरता गया।

प्रेम के रूप में ईश्वर विराजे
सभी जीव भी इसको बांचे
रोग भी है और है औषधि भी
प्रेम दो पद और है बहुपदी भी
मैं पिया मिलन में जलता गया
गति से तीव्र प्रेम चलता गया।

कैसे मैं जानू प्रेम है क्या

प्रेम बिना यह देह है क्या

भवर है ये प्रीत सौंदर्य का

वेग है ये हृदय बंधन का

रूप यौवन सब वृद्ध हुए

प्रेम ही है जो चढ़ता गया।

प्रेम शब्द की कई परिभाषा

युंगो-युंगो की है अभिलाषा

समय काल महाकाल को हराया

युगों-युगों स्वरूप को पाया

रक्त में प्रेम जिसके उतरता गया

लोकों जीवों में प्रेम संवरता गया।

हुए ना जाने कितने प्रेम पिपासु

लिए दिए हैं जीवन जीवन आंसू

प्रेम से देखा प्रेम को रोका

हृदय गति ने हृदय को टोका

प्रेम को जो भी पकड़ता गया

पानी की भांति प्रेम जकड़ता गया॥

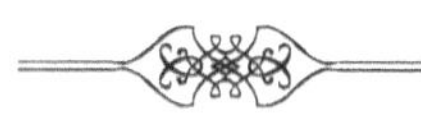

तुम मुझसे मोहब्बत मत करना

मैं आग नहीं जो जल जाऊं

मैं आज नहीं जो कल आऊं

मैं प्यार का बहता पानी हूं

तुम मुझसे मोहब्बत मत करना

मैं शायर मिजाज़ जवानी हूं।

तुम मुझसे मोहब्बत मत करना

मैं शायर मिजाज़ जवानी हूं।

तू आंख मेरी बस पढ़ लेना

नैनो को धार ना देना

तू शुरू समझ तो खत्म हुआ

खत्म कहां, कहां शुरू हुआ

बूझ नहीं, अबूझ सही

अनपढ़ की लिखी कहानी हूं।

तुम मुझसे मोहब्बत मत करना

मैं शायर मिजाज़ जवानी हूं।

हुस्न तू मुझसे कर ले किनारा

तू अंगड़ाई है मैं परछाई हूं

तू घबराई है मैं गहराई हूं,

तू कैसे मुझको पकड़ेगी?

मैं रंग-बिरंगी निशानी हूं।

तुम मुझसे मोहब्बत मत करना

मैं शायर मिजाज़ जवानी हूं।

मैं जहर हूं मेरा असर है निराला

जिसने है पाया, खुद को मार है डाला

ततैया के डंक में, बिच्छू का विष

शब्दों को लाता हूं सर्पों से घिस,

मैं अक्षर को ओढ़ता-बिछाता मानी हूं

मुफ़लिस हूँ साहित्य, शेरों का दानी हूं।

तुम मुझसे मोहब्बत मत करना

मैं शायर मिजाज़ जवानी हूं।

मैं हूं मक्खन सी कोमल

तू है दरिया नई रवानी

सिर्फ तुझको है पाना, मैंने है ठानी

तू शूल सही मुझे शूल कबूल

मैं तेरी हूं तुझसे ही, लिखी जानी हूं

तू हस्ताक्षर है मेरा, मैं तन मन से मानी हूं

मैं तुझसे मोहब्बत करती हूं

मैं शायर मिजाज दीवानी हूं

तू भी मुझसे मोहब्बत कर लेना

मैं तेरी हूं, बस तेरी दीवानी हूं

तेरी बस दीवानी हूं।

मैं तुझसे मोहब्बत करती हूं
मैं शायर मिजाज दीवानी हूं॥

जब-जब भी तू

जब-जब भी तू मुस्कुराती है
मेरी कुंवारी गजल इतराती है
क्या शेर, शायरी, मतला, मक्ता
कविता में तू उतर आती है।

जब-जब भी तू मुस्कुराती है
मेरी कुंवारी गजल इतराती है।

यौवन और जो अंगड़ाई है
नमक शहद से पाई है
जुल्फ जैसे ही झटकाती है
कलम की स्याही गाती है।

जब-जब भी तू मुस्कुराती है
मेरी कुंवारी गजल इतराती है।

तू खुद एक प्रतियोगिता है
संदर्भ मैं हूं, तू मेरी उपयोगिता है

अंग-अंग मधुवन हो महकता है
आंखें मधुशाला छलकाती है।

जब-जब भी तू मुस्कुराती है
मेरी कुंवारी गजल इतराती है।

चांद भी तुझसे लेता है नूर
धरती पर है एक ही हूर
समंदर मल्हार गाता है
पैरों को जब तू डूबाती है।

जब-जब भी तू मुस्कुराती है
मेरी कुंवारी गजल इतराती है।

ख्वाब तू सवाल तू जवाब तू है
मैं इश्क बेहिसाब तू हुस्न बेहिसाब है
रात ही नहीं, दिन भी काला गुजरता है
मिलने मुझसे जब तू नहीं आती है।

जब-जब भी तू मुस्कुराती है
मेरी कुंवारी गजल इतराती है॥

हमारी मोहब्बत

हमारी मोहब्बत के अफसाने लिखेंगे

दुनिया से बचते बचाने लिखेंगे,

इस जहां में तुम सी कोई कमसिन नहीं,

तुम्हें पाकर गीतों धुनों को मुस्कुराने लिखेंगे।

हमारी मोहब्बत के अफसाने लिखेंगे

दुनिया से बचते बचाने लिखेंगे।

तुमने जो सीखी है जादूगरी

राहों में दिलों की है बाजीगरी

अगर हो गई तुम हमारी सनम,

मोहब्बत के लोग, नजराने लिखेंगे।

हमारी मोहब्बत के अफसाने लिखेंगे

दुनिया से बचते बचाने लिखेंगे।

आंखों से कह दो, ना करो धिन-धिन,

होठों से कह दो, ना जिएंगे तुम बिन,

तारों की रातों में, सांसों के धागे से
धड़कन को दिन-रात, बढ़ाने लिखेंगे।

        हमारी मोहब्बत के अफसाने लिखेंगे
        दुनिया से बचते बचाने लिखेंगे।

रूप सौंदर्य की नजाकत पर
हुस्न इश्क की बगावत पर
लिखते-लिखते जिएंगे मरेंगे,
जाने कितने जाने-माने लिखेंगे।

        हमारी मोहब्बत के अफसाने लिखेंगे
        दुनिया से बचते बचाने लिखेंगे।

गीतों धुनों का जो हो संयोजन
तेरे मिलन का, समय योजन
नई सरगम मिलेगी, जमाने को,
कई गीतों धुनों के तराने लिखेंगें।

        हमारी मोहब्बत के अफसाने लिखेंगे
        दुनिया से बचते-बचाने लिखेंगे।

इश्कजादों हम गुर, सारे बताएंगे

मोहब्बत की बारीकी भी सिखलाएंगे

दुनिया में बढ़े, इश्क के रोगी अगर

नए पुराने नुस्ख़ों के खजाने लिखेंगे।

हमारी मोहब्बत के अफसाने लिखेंगे

दुनिया से बचते बचाने लिखेंगे।

तेरी बाहों को जोर से पकड़ते हुए,

जिस्म को जिस्म से जकड़ते हुए,

तेरी खुशियों में जीवन न्योछावर मेरा,

अब-जब भी लिखेंगे, तुम्हें सजाने लिखेंगे।

हमारी मोहब्बत के अफसाने लिखेंगे

दुनिया से बचते बचाने लिखेंगे।

ढल जाए उम्र जो हमारी अगर

मेरी मोहब्बत की, कई सफल डगर

तेरी मेरी यादों में डूबे मेरे प्रियवर,

लिखने वाले लिखेंगे, कई जमाने लिखेंगे।

हमारी मोहब्बत के अफसाने लिखेंगे

दुनिया से बचते बचाने लिखेंगे॥

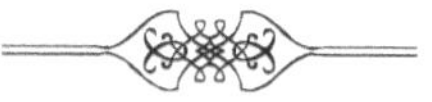

तुम पीर पराई क्या जानो

तुम पीर पराई क्या जानो?
तुम फटी बिवाई क्या जानो?
तुम्हारे कुत्ते भी ग्रिल सैंडविच खाते हैं
तुम रूखी खवाई क्या जानो?

तुम पीर पराई क्या जानो?
तुम फटी बिवाई क्या जानो?

तुम्हारे प्रेम का मंत्रण है
तुम्हारा जो आमंत्रण है
ओ डनलप की सोने वाली
तुम पैरा की सुवाई क्या जानो?

तुम पीर पराई क्या जानो?
तुम फटी बिवाई क्या जानो?

मैं जो यहां अफसर बना फिरता हूं
यह अफसर ही आकर्षण है
नजर पल-पल हमें लगती है
तुम ओझा की भूताई क्या जानो?

तुम पीर पराई क्या जानो?
तुम फटी बिवाई क्या जानो?

शहर में मुझे सुकून नहीं
मैं मां बाबूजी बिन पूर्ण नहीं
तुम अलग-अलग कमरों में रहती हो
तुम चूल्हों की छपाई क्या जानो?

तुम पीर पराई क्या जानो?
तुम फटी बिवाई क्या जानो?

यह मेरी जो पतलून है
मेरे बाबूजी की उधारी दून है
हमारे गांव की ही गरिमा है
अम्मा बाबूजी की पिटाई क्या जानो?

तुम पीर पराई क्या जानो?
तुम फटी बिवाई क्या जानो?

मैं शिक्षित हूं अभिलाषी नहीं
तेरे शहर का मैं वासी नहीं
तुम प्यार मोहब्बत कहती हो
तुम रस्में निभाई क्या जानो?

तुम पीर पराई क्या जानो?
तुम फटी बिवाई क्या जानो?

मेरा यह निष्कर्षण है
गांव का मुझ में दर्शन है
गोलगप्पों की चटकारी
तुम पेज पीवाई क्या जानो?

तुम पीर पराई क्या जानो?
तुम फटी बिवाई क्या जानो?

मेरा जीवन चिमनी का
तुम इनवर्टर में पली-बढ़ी हो
मेरी रग-रग में है खेत बसे
तुम फसल कटाई क्या जानो?

तुम पीर पराई क्या जानो?
तुम फटी बिवाई क्या जानो?

हम मंत्रित हैं आदर्शों के
घूंघट पल्लू के वर्षों से
देह दिखाने की होड़ यहां
तुम नाक कटाई क्या जानों?

तुम पीर पराई क्या जानो?
तुम फटी बिवाई क्या जानो?

यहां चलन है टकीला का
कपड़े तन में ढकिला सा
हम गाय भैंसों की सफाई करते हैं
तुम दूध दुहाई क्या जानो?

तुम पीर पराई क्या जानो?
तुम फटी बिवाई क्या जानो?

तुम्हें चाहिए ग्रीन, कॉफी बेड टी
हम उठकर पढ़ते गीता जी
पल-पल शावर लेने वाली
तुम पानी भराई क्या जानो?

तुम पीर पराई क्या जानो?
तुम फटी बिवाई क्या जानो?

तुम स्पा पार्लर पर मरती हो
इत्र शैंपू कंडीशनर करती हो
हम गोबर फेंका करते हैं
तुम मिट्टी की नहाई क्या जानो?

तुम पीर पराई क्या जानो?
तुम फटी बिवाई क्या जानो?

तुम में है ओवन की लालिमा
सेवकों पर तुम्हारी कालिमा
उपलों से जो गक्कड़ भर्ता बने
तुम भटा छिलाई क्या जानो?

तुम पीर पराई क्या जानो?
तुम फटी बिवाई क्या जानो?

कांटे छुरों से खाने वाली
नाइट क्लबों में जाने वाली
मालिश नए-नए अंगों से करवाती हो
तुम घुइंयां, किमाच खुजाई क्या जानों?

तुम पीर पराई क्या जानो?
तुम फटी बिवाई क्या जानो?

मेरे प्रेम का पुराना वर्जन है
देह दर्शन ही, तुम्हारा प्रेम आकर्षण है
सूरत पर मरते लोग यहां
तुम सीरत बचाई क्या जानो?

तुम पीर पराई क्या जानो?
तुम फटी बिवाई क्या जानो?

बाल लुचाई की होड़ यहाँ
आर्टिफिशियल बालों की दौड़ यहाँ
हमारें गाँव में झपड़ा-झपड़ी फिरतें हैं
तुम जुए सफाई क्या जानो?

तुम पीर पराई क्या जानो?
तुम फटी बिवाई क्या जानो?

आइसक्रीम टॉफी का शौक यहां
ओहदे से बड़े ओहदे पूछ कहाँ
खाने के बाद डेजर्ट मांगने वाली
तुम गन्ना की चुसाई क्या जानो?

तुम पीर पराई क्या जानो?
तुम फटी बिवाई क्या जानो?

चिकनी सड़क पर तुम चलती हो
समंदर देख मचलती हो
माउंटहिल की बात अच्छी है
तुम खूंटा बंधाई क्या जानो?

तुम पीर पराई क्या जानो?
तुम फटी बिवाई क्या जानो?

तुम ढूंढो अपना योग्य वर
मेल से मेल जो प्रियवर
टैटू को अब कमिटमेंट कहते हैं
तुम गुदना गुदाई क्या जानो?

तुम पीर पराई क्या जानो?
तुम फटी बिवाई क्या जानो?

तुम्हारे घर में पजेरो है
बाजरा नहीं बजेरो है
बासमती सी तुम खिलती हो
तुम धान कुटाई क्या जानों?

तुम पीर पराई क्या जानो?
तुम फटी बिवाई क्या जानो?

ब्रांड पर मरते नखरेचर

पीते ओढ़ते सिग्नेचर

पुराने कपड़ों का ढेर यहां

तुम गोदड़ी सिलाई क्या जानो?

तुम पीर पराई क्या जानो?

तुम फटी बिवाई क्या जानो?

प्रीत रीत का मुझमें कल्चर

लव यू, लाइक यू, सी तुम तर-तर

कार्ड देकर तुम फुर्सत होती हो

सीदा की दिवाई क्या जानों?

तुम पीर पराई क्या जानो?

तुम फटी बिवाई क्या जानो?

आंचल तुमने रखा नहीं

चीक को तुम ने चखा नहीं

साजे को छोड़ फटे पहनती हो

तुम थिगड़े लगाई क्या जानों?

तुम पीर पराई क्या जानो?

तुम फटी बिवाई क्या जानो?

गानों का यहां है जोश बड़ा

सुर से बड़ी सुरा यहां

तुम क्लबों में यो-यो पो-पो करती हो

गारी बिन्ना, बिन्नी गवाई क्या जानों?

तुम पीर पराई क्या जानो?
तुम फटी बिवाई क्या जानो?

तेरे प्रेम पाश में मैं आऊंगा नहीं

गठबंधन तुझ से पाऊंगा नहीं

पाज़ेब बिछुड़ी का तुममें जोड़ नहीं

तुम महावर की रचाई क्या जानो?

तुम पीर पराई क्या जानो?
तुम फटी बिवाई क्या जानो?

तुम्हारा मेरा मेल नहीं

गधे हिरनी का ये खेल नहीं

यहां पल-पल तलाक फिरते हैं

तुम जनम निभाई क्या जानो?

तुम पीर पराई क्या जानो?
तुम फटी बिवाई क्या जानो?

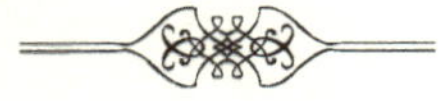

मदहोश हूँ मैं

बहारों शोर ना करो अभी होश में हूं मैं
बड़ी मुद्दतों के बाद, इतना खामोश हूं मैं।

सितारों तुम जरा आज रात, चमकना छोड़ दो
चांद की बाँहों से लिपटा है सूरज, बे-होश हूं मैं।

तेरे मेरे दरमियां इन जुल्फों का, यूँ मचल जाना
हुस्न को तो बहकना ही है, जवानी का जोश हूं मैं।

तेरे होठों का रंग जो सुर्ख लाल हुआ जाता है,
मयखाने ने मुझसे कहा हुस्न का पापोश हूं मैं।

मदमस्त जवानी, कजरारे नैनों की दरियादिली
हुश्न इश्क से मैं बेहकूं या तू बहके, मदहोश हूं मैं।

चल यार सब छोड़, गले मिल अगन लगा
कई वसंत का पतझड़, ठंडक आक्रोश हूं मैं।

सुन तेरा यूं मुस्कुराना, कोई चाल है कयामत की?
पाकर मुझे संभालेगी कैसे? इश्क का कोष हूं मैं।

सुन आज़ाद को गले लगाना, संभल गले तक
तपते रेगिस्तान में बर्फबारी का आगोश हूँ मैं॥

अरमान

अरमानों को जरा-जरा दबा कर रखो,
जुबा शांत चेहरे को मुस्कुरा कर रखो।

कत्ल हो जाएंगे, शहर के शहर नजर से,
काजल-ए-नूर हूं, पलकों में छुपाकर रखो।

चर्चा-ए-इश्क़ से, बस्ती के ताबूत खुल गए,
इश्क का पारा हूँ, लबों से लगा कर रखो।

क्या कब कयामत आ जाए जहां पर?
कदमों को आहिस्ता, आजमा कर रखो।

हर हुस्न की पहली आरजू, इश्क है आजाद
मेरे खतों को दहकते सीने से, जला कर रखो॥

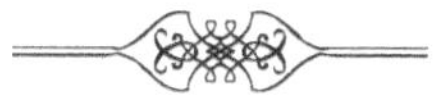

आदत

मानाकि आदत है तुझे, चेहरों को पढ़ने की
मैं तो खुली किताब था, फिर क्यों अटक गई।

हर घड़ी नया शब्द, शब्द जाल का शब्दकार हूं मैं,
पुस्तकालय समझ नादान, समंदर में भटक गई।

तूने सोचा था जिंदगी के इम्तिहान में, पास हो जाएगी
दिल तक पहुंचना तो दूर, नजरों में खटक गई।

गुरुर उसे उसके इल्म का, ले डूबा अनजाने में
जहर समझ मोहब्बत को मेरी, आब-ए-हयात गटक गई।

मेरे खुदा ने बड़ी फुर्सत से नवाजा था हुस्न तुझे
मिलते ही आजाद-ए-इश्क से, शीशे सी चटक गई॥

मन वीणा के तार से

मन वीणा के तार-तार से
आज मैं झंकार करूं,
बैठ मेरे पास तुझे
जी भर कर मैं प्यार करूं।

अंग यौवन की मैं मलिका
कैसे तुझको प्यार करूं?
मन हृदय में वास तुम्हारा
कैसे मैं इनकार करूं?

चंचल यौवन, सुगंधित चितवन
प्रेम धर्म है, प्रेम ही पावन
सांसो से तेरा, मैं श्रृंगार करूं
बैठ मेरे पास तुझे,
जी भर कर मैं प्यार करूं।

तन कोमल है, मन कोमल है

सोच-सोच पुकार करूं

मन हृदय में वास तुम्हारा

कैसे मैं इनकार करूं?

तुम भी मुझ पर, मैं भी तुम पर

चलो आज खो जाते हैं

हृदय चकोरी, हृदय चकोर के

हम दोनों हो जाते हैं

प्रेम हमारा अमर बना दो

खुद को मैं निराधार करूं

बैठ मेरे पास तुझे

जी भर कर मैं प्यार करूं॥

तस्वीर

तेरी तस्वीर बनाता हूँ
रंग कम पड़ जाते हैं
आंखें भर तुझे देखता हूँ
सारे गम कम पड़ जाते हैं।

सितारों से कहा था मैंने
बहारें ताना देती हैं
तेरी एक मुस्कान पर जानम
यह बादल नम पड़ जाते हैं।

बहुत सोचा था मैंने तो
रहूंगा दूर-दूर तुम से
दूरी की बात सुनकर ही
फ़ासले बेदम पड़ जाते हैं।

बहुत देखी है दुनिया तो
समंदर नापें है कई सारे
तेरी आंखों के आगे तो
सब नज़ारें कम पड़ जाते हैं।

पहले से सुना था हमने यह
दिलों को ठोकरें मारते चलती हो
यह हुश्न-इश्क का जादू है
घटते-घटते दिल, सम पड़ जाते हैं।

बहुत बचाता हूँ खुद को
हुस्न जब सजकर चलता है
बचाते-बचाते भी खुद को
तुम से आइटम, बम पड़ जाते हैं।

सुनो एक बात सुन लो तुम
मोहब्बत मुझसे जो हो गई
तुम छुड़ा लो हाथ जितना भी
पड़ते ऐसे हैं, गले हम पड़ जाते हैं॥

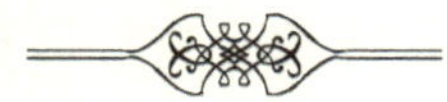

प्रेमालाप

आज किताबें मुझे देखकर
मुंह चिढ़ा रही है।
कहती है, तुम वही आजाद हो
जिसके स्पर्श मात्र से
मैं प्रेम रस में विभोर हो
उठ नाचने लगती थी।
जिसके पन्ने पलटते ही
छुअन से यह एहसास हो जाता था,
आज मुझे शुरू से लेकर अंत तक
प्रेम मिलेगा बिना रुके बिना थके।

मेरे शब्दों को चाटते हुए,
मैं तुम्हारे मस्तिष्क से
हृदय तक कैद हो जाऊंगी।
तेरा थक-कर मुझे तार-तार कर
सीने से लगा लेना
फिर टकटकी लगाकर
अंत से आरंभ कर देना।

मेरे रोम-रोम की वो अंगड़ाई,
मेरे पन्नों का बिखर-बिखर जाना
कड़ कड़आहट की आवाज से
तुझ में समा जाना और तेरी हो जाना
केवल तेरी हो जाना।

मेरे प्रेम पास में उलझा हुआ
मेरा प्रिय आजाद,
फिर तेरी कलम के संचालन से
मेरा निर्माण हो जाना।
कुछ दिनों से क्यों?
गुमसुम है, मेरा प्रियतम
तुम्हें, मैं प्रेम रस का संचालन
नहीं कर पाई
या मेरी युवा अवस्था का
रसपान कर तुम,
चैन से सोना चाहते हो।

तुम वही आजाद हो ना
जो बिना मेरे स्पर्श के
भोजन भी नहीं करते,
बिना मुझे अंग-अंग का
रंग-भंग कर सोना
पसंद नहीं करते।
आ जाओ प्रियतम

तुम्हारी प्रियवर तुम्हें
आगोश से अंजाम को
तड़प रही है,
मुझ से आंखें मिलाओ।

हमेशा जवान रहने वाली,
तुम्हारी जवान होती
तुम्हारे हृदय स्पंदन
की प्यासी,
अपनी कलम से स्पर्श कर
अपने शब्दों को नया कर
मुझे समाहित करो।

मेरा दर्शन ही नहीं,
तुम मुझसे विवाह कर
रंग-अंग को अंगीकार करो।
तेरी मेरी प्रेम लीला के संगम से
पुस्तकालय हो जाना,
आ जाओ आजाद,
होंठ दबाये मैं तुम्हें, चिढ़ा रही हूं।
मेरा घूंघट खोलो,
फिर तन्हाइयों में, मेरे हो जाओ॥

शब्द

शब्द-शब्द कबीरा
शब्द-शब्द है मीरा
अक्षर से मुलाकातें
शब्द करे हैं बातें।

प्रेम कहूं इसे मैं
या कहूं विरह।

शब्द-शब्द जब टूटे
शब्द-शब्द से रूठे
क्या तेरी पहचान
भेद कराए भगवान।

गंदा कहूं इसे मैं
या कहूं हीरा।

शब्द-शब्द से आशा
शब्द-शब्द से परिभाषा

डॉ. अशोक आज़ाद

ताकत है स्वास्थ्य बेजोड़
भेदन का ना कोई तोड़।

        खुशी कहूं इसे मैं
        या कहूँ पीड़ा।

शब्द-शब्द मादकता
शब्द-शब्द से पशुता
छेदन ऐसा मन विभोर
चुभन ऐसी तन घोर।

        खामोशी उगले पहाड़
        वर्ना बातों वादों का जीरा।

शब्द-शब्द की परिक्रमा
शब्द-शब्द से है भरमा
गगन का चुंबन होठों से लिपटे
कहीं भजन गाली में सिमटे।

        लगन-अगन आग पे भारी
        ठंडक बन्दन-चंदन बे स्वाद नीरा॥

तुम्हारी मोहब्बत

तुम्हारी मोहब्बत से, कब हो हम रुख़सत

नज़रे उठाती न थी, आँखे दिखाने लगी हो

कहती थी हर कहना, मानोगी मेरा

क़यामत तुम्हारी, मुझको दबाने लगी हो।

तुम्हारी मोहब्बत से, कब हो हम रुखसत

नज़रे उठाती न थी, आँखे दिखाने लगी हो।

ख़ुदा खैर करें, मेरी दुरस्त हालत पर

मैं रोजे रखता हूँ, खुद की हिफाज़त पर

पहले तुमने बहुत, सताया है मुझको

अब भूतों, जिन्नों को, सताने लगी हो।

तुम्हारी मोहब्बत से, कब हो हम रुखसत

नज़रे उठाती न थी, आँखे दिखाने लगी हो।

शोखी तुम्हारी, नर्गिस सी है

अंगड़ाई तुम्हारी, गर्दिश सी है

शक्ल आईने में देखो, आईना है टूटे

शहर की चुड़ैलों, को डराने लगी हो।

तुम्हारी मोहब्बत से, कब हो हम रुख़सत

नज़रे उठाती न थी, आँखे दिखाने लगी हो।

गालों की पुताई से, हुई हो मकान

खर्चा है इतना, बिक गई दुकान

मार-मार के कर दिया, मच्छर मुझको

गुडनाईट जलाकर, भगाने लगी हो।

तुम्हारी मोहब्बत से, कब हो हम रुख़सत

नज़रे उठाती न थी, आँखे दिखाने लगी हो॥

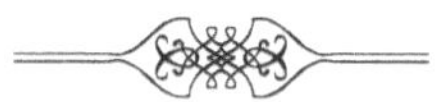

इतना प्यार

इतना प्यार तुझसे
करता हूँ मेरी नीता
तेरे 18 बीते मेरे 21 बीता
पाकर तुझको मैं तो
रहा नहीं रीता
तू ही मेरी राधा
तू ही मेरी सीता।

इतना प्यार तुझसे
करता हूँ मेरी नीता
तू ही मेरी राधा
तू ही मेरी सीता।

मोहब्बत की गर्मी पर
जाड़ो का था बसेरा
धुन्ध थी अकेली
जीवन में कोहरा-कोहरा
पाकर तुझको मैंने
सब कुछ ही है जीता।

इतना प्यार तुझसे
करता हूँ मेरी नीता
तू ही मेरी राधा
तू ही मेरी सीता।

आंखों में तपिस और
होंठो पर हैं अंगारे
बातों ही बातों में
गर्मी है उतारे
जब तू मुझे डांटे
लगी सारी गीता।

इतना प्यार तुझसे
करता हूँ मेरी नीता
तू ही मेरी राधा
तू ही मेरी सीता॥

अक्षर-अक्षर

1- अक्षर-अक्षर दे दूं तुमको,
गालों को गुलाल बना दूं।
तू मुझको बेहाल बना दे,
मैं तुझको भी लाल बना दूं।

अक्षर-अक्षर...
मैं तुझको भी...

2- एक-एक पल एक दिन न गुजरे
ऐसा तुझे मैं ख्याल बना दूं
दिल सप्ताह महीना हूँ ऐसा,
थाम ले मुझे, मैं पूरा साल बना दूं।

अक्षर-अक्षर दे दूं तुमको,
गालों को गुलाल बना दूं।
तू मुझको बेहाल बना दे,
मैं तुझको भी लाल बना दूं।

 डॉ. अशोक आज़ाद

3- गंध-अंग चितवन यौवन,
तेरे पग हैं पावन जीवन।
तू मुझको थाम जोर से,
जवानी को मैं बेहाल बना दूं।

अक्षर-अक्षर दे दूं तुमको,
गालों को गुलाल बना दूं।
तू मुझको बेहाल बना दे,
मैं तुझको भी लाल बना दूं।

4- प्रियवर मिलन की बेला है
तूने-मैंने बिरहा झेला है
संकलन कर तू, मुझको ऐसा
मैं तुझको कमाल बना दूं।

अक्षर-अक्षर दे दूं तुमको,
गालों को गुलाल बना दूं।
तू मुझको बेहाल बना दे,
मैं तुझको भी लाल बना दूं।

5- नयन अगन का मारण कर
तू मेरा उच्चारण कर
काम ले मेरे अधरों से
मैं अधर मिलन का, ताल बना दूं।

अक्षर-अक्षर दे दूं तुमको,
गालों को गुलाल बना दूं।
तू मुझको बेहाल बना दे,
मैं तुझको भी लाल बना दूं।

6- मिलन हमारा ऐसा हो
रंगत-संगत बिगड़े अब
तू मुझको, तृप्त कंगाल बना दे
मैं तुझको खुशहाल बना दूं।

अक्षर-अक्षर दे दूं तुमको,
गालों को गुलाल बना दूं।
तू मुझको बेहाल बना दे,
मैं तुझको भी लाल बना दूं॥

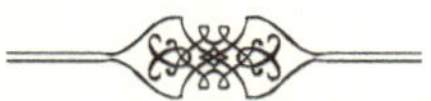

जवानी

चढ़ गई जवानी मेरी,
लड़ गए रे नैन
धड़कन की ओढ़नी
सांसों का रेन
जुल्फों का बिस्तर
खो गया रे चैन।

चढ़ गई जवानी मेरी
लड़ गए रे नैन।

रास्तों में ख़ुश्बू है
वीराने की जुस्तजू है
हाय रे, कहना उसका
कोई करवा दो रे बैन।

चढ़ गई जवानी मेरी
लड़ गए रे नैन।

मग़रूर पे ज़ोर नहीं है
उसका मुझ पर, डोर नही है
कत्ल किया है, उसने मेरा
मुझको हो गई रे जैल।

चढ़ गई जवानी मेरी
लड़ गए रे नैन।

नयन नक्श का जादू लेकर
खुद को, मैं बेकाबू लेकर
दिल दे दिया तुझको मैने
कैद कर या, कर दे रे बेल।

इश्क़ के लब

इश्क़ के लब पर हुस्न का नाम
दौर मशहूरी का रास्ता गुमनाम।

चाहतें चांद तारों की
मिलन गुलबदन गुलफाम।

तू उधर महफूज
मैं इधर बदनाम।

तेरी आंखों ने शय दे दी
दिमाग दिल का कत्लेआम।

रहना सदा गुलशन सी महकती
अरदास भी तू, तू ही मेरा सलाम॥

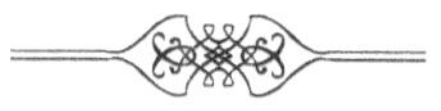

श्रृंगार भरो तुम

श्रृंगार भरो तुम जानेमन
तुम मुझसे तो प्यार करो
दर्पण का तर्पण कर दो तुम
तुम मुझसे जो इजहार करो।

श्रृंगार भरो तुम जानेमन
तुम मुझसे तो प्यार करो।

अंग-रंग भंग धतूरा है
प्यार मेरा कब पूरा है
तुम्हारी जो भी आशा है
तुम मुझ पर बौछार करो।

श्रृंगार भरो तुम जानेमन
तुम मुझसे तो प्यार करो।

बंधन का अभिनंदन है
तू पावन है, चंदन है
अंग का रंग लगाने को
तुम खुद को तैयार करो।

श्रृंगार भरो तुम जानेमन
तुम मुझसे तो प्यार करो।

मृगनयनी तुम मोरनी
मेरे चित की चोरनी
आलिंगन चुंबन दे दो तुम
तुम मुझ पर उपकार करो।

श्रृंगार भरो तुम जानेमन
तुम मुझसे तो प्यार करो।

प्रीत भी तुम, रीत भी तुम
गीत भी तुम, संगीत भी तुम
जन्म मेरा तुमसे सार्थक हो
सिंदूर सजाकर बहार करो।

श्रृंगार भरो तुम जानेमन
तुम मुझसे तो प्यार करो।

घर आंगन में खुशियां हो
दस बच्चे हो दस बच्चियां हो
एक पल न तुम्हारा खाली हो
खुद को मुझ पर निसार करो।

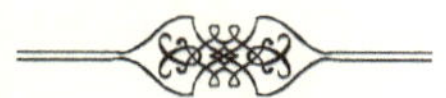

श्रृंगार भरो तुम जानेमन
तुम मुझसे तो प्यार करो॥

मुझे तुमसे मोहब्बत है

मुझे तुमसे मोहब्बत है
शिकायत हो गई तो हो गई
तुम्हें अपना बनाने की
हिम्मत हो गई तो हो गई।

सुना है तुम बड़ी
नाज नखरे वाली हो
तुम्हारें हां कहते ही
शोहरत हो गई तो हो गई।

वह जो आशिक थे
तुम्हारे इर्द-गिर्द, घूमने वाले
तुम हो अब मेरी
हिफाजत हो गई तो हो गई।

बड़े बेचैन रहते हो
ख्यालों की दुनिया में
मोहब्बत वह शराफत है
शराफत हो गई तो हो गई।

शादी कर तुमसे
तूफान साथ लिए फिरते हैं
अच्छे खासे पुर्जों की
मरम्मत हो गई तो हो गई।

हमें संग चलना है
धड़कन हो तुम मेरी
दिल में लहू की
तरावट हो गई तो हो गई।

मैं जो अक्सर तुम्हें
खामोश देखा करता हूं
जिंदगी हो, जिसे जीने की
जरूरत हो गई तो हो गई।

कितने हसीन नजारे हैं
खुश किस्मत हो तुम आजाद
आजाद-ए-इश्क में हुस्न की
मिलावट हो गई तो हो गई॥

मैं और मेरे दोस्त

हम बा-वफाई से डरते है
वो बे-वफाई से डरते है।

उन्हें चाहत है माशूका की
हम परछाई से डरते है।

ख्वाहिश है, उनको दामन की
हम मंहगाई, से डरते है।

दबंगई उनकी, बांहे डाल घूमते है
हम तो जी, पिटाई से डरते है।

हमें चाहत थोड़े ख़ालीपन की
वो तो ऐसे है, जुदाई से डरते है।

आरजू उन्हें, नयी-नयी कलियों की
एक हम है, जो लुगाई से डरते है॥

तुझे मीर की गजल कहूं

तुझे मीर की गजल कहूं

या गालिब का कलाम कहूं

तुझे हुस्न-ए-महताब कहूं

या चमन का आफताब कहूं

तुझे पाने की चाहत कहूं

या आंखों का ख्वाब कहूं

तुझे हसरते सैलाब कहूं

या तुझे लाजवाब कहूं

तुझे सादगी का लबाब कहूं

या खिलता गुलाब कहूं

नवाज़े मुझे जो चाहत से तू

मैं आज़ादे इश्क, तेज़ाब कहूं॥

मेरी चाहत भी तू

मेरी चाहत भी तू
शरारत भी तू है।

पल-पल की बेसब्री भी तू
नखरो की नजाकत भी तू है।

नजरों का सुकून भी तू
सांसों की हिफाजत भी तू है।

मंजिल की मददगार भी तू
बदमाशियों की शराफत भी तू है।

मेरी सारी ताकत भी तू
इबादत भी तू क़यामत भी तू है॥

झलक

वो दिखी फिर मुझे, चौराहे पर
सोचा क्यों न, मुलाकात कर लूं
बचपन की शरारतें, याद है उसे
डर न जाए मेरी, शराफत से
घायल न हो जाए, दोनों बातों से
मुलाकात का रंग, घुल गया अगर
हम दोनों टकरा, जाए मगर
घर कौन पहुंचायेगा, हिफ़ाज़त से।

कदम को कैसे संभालें, बता दो जरा
नज़र भर देखे हुए, हो गए ज़माने जरा
उसके होंठो के रंग में, होली का मिलन
दीवाली की मिठाई में, मुँह दिखाई की रस्म
गलियाँ नदियाँ, अभी भी पुकारे नाम तेरे मेरे
कसमें वादे कहते है ना अब बस में मेरे
छोड़ो ये बातें क्या करना, हुस्न की अदालत से
बीत गई, बात गई, क्या करना पुरानी मोहब्बत से॥

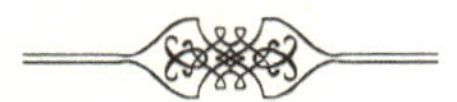

गुइयाँ

जब से गुइयाँ ब्याह, भवो है
बन गई मैं बेचारी री
सैंया मिल गव, ऐसो जुल्मी
जगावे, जगावे रात सारी री।

सैंया मिल गव, ऐसो जुल्मी
जगावे, जगावे रात सारी री।

नोतो-नोतो ब्लाउज आवत नईयां
लहंगा भी कुंडरावत नईयां
खुल-खुल जाए साड़ी री।

सैंया मिल गव, ऐसो जुल्मी
जगावे, जगावे रात सारी री।

रात को मुआ आवत है,
प्रीत ख़ूबहि जतावत है
मैं तो, मैं तो, रोम-रोम कराही री।

सैंया मिल गव, ऐसो जुल्मी
जगावे, जगावे रात सारी री।

चार है मोड़ा, तीन है मोड़ी
आठ साल की, राहत थोड़ी
मैं तो, मैं तो, कमर दर्द से हारी री।

सैंया मिल गव, ऐसो जुल्मी
जगावे, जगावे रात सारी री।

तू मेरी मोहब्बत है

तू मेरी मोहब्बत है,
मैं तुझसे प्यार करता हूँ,
दुनियां को ठेंगे से,
रखकर इजहार करता हूँ।

....

....

इबादत होती है,
तुझसे ही इबादत है,
जिंदगी की सारी ही,
सारी तुझसे ही चाहत है,
जो दर्पण तुझको प्यारा है,
आंखों से तैयार करता हूँ॥

....

....

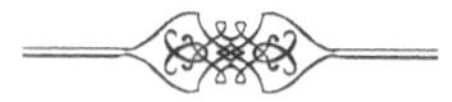

अगर तुम्हारी राहों में

अगर तुम्हारी राहों में

मैं प्रीत बनकर आ जाऊं

हे बूंदों की पंख पंखुड़ी

बदरा बनकर छा जाऊं

श्रृंगार तुम्हारा अल्हड़ तुम

परिपाटी हो जीवन की

मिट्टी बन कर पिघलो तुम

जल बनकर तुम को भा जाऊं।

अंखियों में है सागर लिए

अमृत लिए हला हल लिए

तेरे सुलगते होठों ने

ऋतुओं को अंगार दिए

तुम मुझको जो पा जाओ

मैं तुमको जो पा जाऊं

पुष्प बनकर के महकों तुम

इत्र बनकर मैं समा जाऊं।

अंग-अंग, रंग-रंग छलक रहा
गीत है तू, मैं हलक रहा
बाहों को अर्पण कर दो तुम
मुझको दर्पण कर दो तुम
अक्षर कंठ अभिलाषा हो
दोनों प्रेम पिपासा हो
संग तुमको जो मै ले आऊं
संजीवन मैं फिर पा जाऊं॥

चितचोर मन की

चितचोर मन की
प्रेम पद लिए हुए
प्रेम गीत मन-मन
गाने लगी पगली
देह जिसकी मधुशाला
मंदिरा की मादकता
मादकता जवानी की
जवानी का नशा लिए
दीवानों को नशेड़ी
बनाने लगी पगली।

अंग में है भंग लिए
भंग को मधुबन लिए
मिश्री की डाल से
कदमों के ताल से
थाप-थाप सरगम
वीणा को कर बेदम
कमर लच-लच-लच
लचकाने लगी पगली।

अंखियों में कनक लिए
लालिमा की छत पर
कजरे की कालिमा से
बदरे को बिजली की
धुन से बे सुध कर
कस्तूरी का कस्तूरी धर
सुध बुध खुद से
खुद को बे सुध कर
मेरे घर आने-जाने लगी पगली।

रसों का अकूत लिए
अलंकार छंदों का
संज्ञा सर्वनाम भर
समास को विग्रह पर
उपसर्ग और प्रत्यय तर
रोला की नथुनियां से
सोरठा का जूड़ा धर
जवानी के धतूरे से
पागल प्रेमी पागल कर
प्रेम दर्शन को
रूप दर्शन कराने लगी पगली॥

चलो आ जाओ

चलो आ जाओ
तुम्हें जो हमें पाना है
मैं मचलता आशिक हूं
मेरे हजार ठिकाना हैं।

आँखों की मदहोशी
गेसू की लिपटन
दहकता हुस्न तेरा
मक्खन सा बदन
हर हुस्न की आरजू हूं मैं
मुझे तेरे संग जाना है।

जीवन है, कब तक है
तू संग है, जब तक है
डोरों का बंधन कर दो
मोहब्बत का रंग भर दो
तुम लगा लो गले से
मुझसे क्या शर्माना है।

कांटो का चुभता बिस्तर

तनहाई में डसती रातें

जिधर से गुजरता हूं

होती तुम्हारी ही बातें

जवानी जुबानी, जवानी न रहे

धड़कन को एक कर, निभाना है॥

आंखें मिलाते

रात भर हम आंखें मिलाते रहे

वह हमें, हम उन्हें आजमाते रहे

जुल्फों के बिस्तर पर रखते ही सर

पास आते रहे, हिचकिचाते रहे।

रात भर हम आंखें मिलाते रहे

वह हमें हम उन्हें आजमाते रहे।

चांदनी बदरा रात भर छाते रहे

कभी हम बरसे कभी वह बरसाते रहे

जैसे ही चूमा लिपटन से उनने

वो इश्क लगाते रहे, हम हुस्न बहाते रहे।

रात भर हम आंखें मिलाते रहे

वह हमें हम उन्हें आजमाते रहे।

झुकाते नजर, नजर उठाते रहे
हमें आगोश में रात भर दबाते रहे
आग पर मोम का, पिघलना चलता है
वह अंग लगाते रहे, अंग बहकाते रहे।

रात भर हम आंखें मिलाते रहे
वह हमें हम उन्हें आजमाते रहे।

कॉलेज का पहला दिन

आज कॉलेज के पहले दिन

नजर हुस्न से लड़ गई,

नजर सीधी मेरी

मोस्ट सीनियर पर जाकर गड़ गई।

इंजीनियरिंग कॉलेज के पहले दिन

कर दिया कुछ ऐसा यूँ,

मोस्ट सीनियर से सीधे

बोला जाकर आई लव यू।

मन में था डर बड़ा

कैसे करूं दिल की बात का हाल

न कहे तो रैगिंग, हां कहे तो चाल।

मन ही मन लड्डू, जैसे उसके भी फूट गए,

मैंने बोला क्या? उसके शब्द हां में छूट गए।

सारे सीनियर में हो गया हल्ला बवाल

गजब का जूनियर आया रे

उड़ा लिया अपना माल

उस पर खर्चा किया, नोट्स दिए

फिर भी अनाड़ी रह गए

तीन साल इंजीनियरिंग पढ़ी

फिर भी कबाड़ी रह गए,

कहां मजाल किसी की

रैगिंग मेरी ले ले

मैं बन गया सबका गुरु,

बाकी सब मेरे चेले

बैचमेटों में भी रुतबा मेरा धारदार

चार बैचमेट भी मुझसे

करने लगी है प्यार।

आशिक मिजाजी ऐसी मेरी,

चार यहां की, वहां की, मैनेज कर लिया

जैसे ही जूनियर आई

अलग-अलग ब्रांच की

एक-एक और धर लिया।

कॉलेज का एक-एक दिन

मेरे लिए मलमल रहा

साल दर साल, कुछ पास हो कर गई

साल दर साल, रिकवरी में चल रहा।

अब कॉलेज से पास होकर

जाने की भी, आ गई बारी

चार साल के कॉलेज में

चालीस हमारी नारी।

कुछ देखो विदेश गई
कुछ देश में रह गई
बिछड़-बिछड़ कर विरहन ने
इलेक्ट्रिकल इंजीनियर का
करंट सह गई।

तुम हो मजबूत बड़े
तुम हो जिम्मेदार
मत बनना इंजीनियर
मत बनना मैनेजर यार।
हम सब जानते थे
तुम कब किसके मीत हुए
यह भी क्या कम है,
तुम हमारे प्रीत हुए।
हो नहीं सकता तुम्हारा मुकाबला
तुम हो आजाद
प्यार बांटने में भी
किया न कभी विवाद,
हम ही हैं वो हुस्न परी
रहा तुम्हारा साथ
तू इश्क में जिंदाबाद है
मैं हुस्न में जिंदाबाद॥

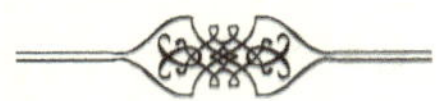

कौन कहता है

कौन कहता है, मोहब्बत आसान है
सांस फूल जाती है, साथ निभाते-निभाते।

मौत के फरमान को झुठला गया वह
कब्र में भी चलती है बात, दिन-रात आते-जाते।

मेरी मोहब्बत की कशिश, निकला जब जनाजा
पलके नम पड़ गईं, आंसू छुपाते-छुपाते।

सच जानना चाहते हो, मोहब्बत है क्या?
लोग थकते नहीं हैं, ताजमहल बताते-बताते।

होती आसान मोहब्बत तो, राधा से कान्हा न बिछड़ते
कहानी, किताबें भी पागल हो गई समझाते-समझाते॥

इश्क करने वालों ने

इश्क करने वालों ने तूफानी जुनून-ए-मंजर देखा है
सितमगरों ने कब्र में भी मोहब्बत का समंदर देखा है।

फरेबी है यह जग वाले मोहब्बत के दुश्मन
हालात-ए-इश्क को कब? झांक के अपने अंदर देखा है।

मोहब्बत के रिश्ते को नफरतों से उलझाते देखा है
अपनों के लहू को, पानी सा बहाते देखा है।

हरी भरी बगिया में चहचहाहट की फुहार है
दिलों में झांका तो बंजर ही बंजर देखा है।

लहलहाती फसल के दानों को देख लोग खुश हैं
आज़ाद ने हर एक दाने में खंजर ही खंजर देखा है॥

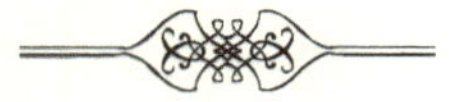

ख्वाहिश

लब जब लब से टकराएंगे

लफ़्ज खुद-ब-खुद ही जल जाएंगे

तुम बरसना ऐसे, सावन की बारिश हो

घटाओं जैसी, तुम्हारी हर ख्वाहिश हो

तुम आगोश में आ जाओ मेरे सनम

कब तक सांसों को यूं ही तड़पाएंगे।

लब जब लब से टकराएंगे

लफ़्ज खुद-ब-खुद ही जल जाएंगे।

मदहोशी का आलम है छाने लगा

इश्क तुझे है फिर बुलाने लगा

खुशबु तुम्हारी मेरे पास आने लगी

जुस्तजूओं से सिसकियां घबराने लगी

थिरकते होठों पर, तुम्हें है काबू रखना

धड़कन संग-संग, जब हम धड़काएंगे।

लब जब लब से टकराएंगे
लफ़्ज खुद-ब-खुद ही जल जाएंगे।

बेखुदी का है मौसम छाने लगा
देखते ही तुम्हें होश गंवाने लगा
लाखों हसरतें हम हैं पाले हुए,
तेरे आने से ही उजाले हुए,
घबराहट को तू बाजू कर
अंग-अंग का रंग-रंग जब छलकाएंगे।

लब जब लब से टकराएंगे
लफ़्ज खुद-ब-खुद ही जल जाएंगे॥

तुम

मेहताब की दमक फीकी-फीकी
रूप की वो तस्वीर हो तुम।

आफताब को जला रही
हुस्न की वह जागीर हो तुम।

तलहट की बूंदों में छुपी
कोमलता की तासीर हो तुम।

सम्मोहन तेरा जग में फैला
जादूगरी की जंजीर हो तुम।

कुदरत क्या किस्मत लिखेगा
खुद कुदरत की तकदीर हो तुम॥

यादें तेरी

यादें तेरी घर कर गईं
जागूं रात बिछोने में
आंखें तेरी चोट करे हैं
दिल के कोने-कोने में।

रूप तेरा ऐसे चमके
कुदरत भी परेशान है
रक्स-ए-बिस्मिल छोड़ा उसने
यासीन है अब तो होने में।

अदाएं ऐसी कातिल उसकी
यौवन भी है खूब खिले
लिपस्टिक तेरी रोक रही है
मुझको तुझमें खोने में।

अब तो सुन ले जानम मेरी
धड़कनों से खता हो जाने दे
अंग का इत्र लगा दे मुझको
खुशबू जाए न धोने में॥

यौवन तेरा ऐसा

यौवन तेरा ऐसा
मयखाने बहकते हैं
बोतलें मय की छोड़ो
पैमाने बहकते हैं।

सूरत जो तेरी देखी
जवानी थम सी जाए
अंगड़ाइयां लेते देखो
बूढ़े भी चहकते हैं।

अंगूर की अंगूरी
तेरा मिलना है जरूरी
तुझे सपने में सजाने
अरमान दहकते हैं।

हुस्न के दे दो शोले
ये इश्क़ तुझसे बोले
धड़कन-धड़कन टकराकर
हम दोनों में महकते हैं॥

ओ री सखी

ओ री सखी तू कहां जात है
तू ठहरी रोटी भात वाली
बे रहवे बिना कलेवा के
बारह महीने लचका महेरी खात है।

दद्दा से कह देवे न
ओके कना मोहे देवे न
तू ठहरी है रूप बछरिया
कलर दूल्हे को भूतों को पात है।

तूने खाओ हलवासुवारी
वह तीतर बटेर भूंज खात है
कैसे कटेगी जीवन ओके संगे
जिनके घर आलू न प्याज है॥

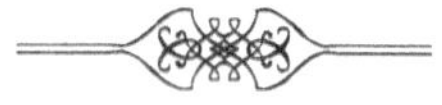

देखूंगा

आज मैं अपनी तीरे नजर का वार देखूंगा
जिगर तो छोड़ो जहन के, आर-पार देखूंगा।

कौन कहता है, नजर में ताक़त नहीं होती
वो संभलेगी कैसे जब मैं, उन्हें एक सार देखूंगा।

तमन्नाओं की दूरियों से दूर रखें खुद को
आज मैं किसी को एक, निसार देखूंगा।

दर्द जो बढ़ जाए तीरे नजर का तो कह देना
अपनी नजर को परखने उसे, मैं बार-बार देखूंगा।

कुछ तो उसके दिल में उबाल है, उठा रही है नज़र,
नज़र पर नज़र चमकेगी, नज़र से नजर के पार देखूंगा।

आज़ाद की मोहब्बत को समझना, आसान तो नहीं
नज़र के पेंच लड़ गए, वो वार देखेगी, मैं धार देखूंगा॥

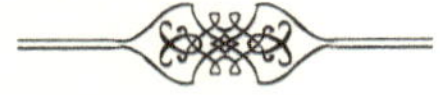

तुम कोई

तुम कोई
गीत
गुनगुना दो
फिर
मैं अमर
कहानी
लिख दूं
तुम
सोच लो
कोई
मंजर
फिर मैं
अपनी जुबानी लिख दूं
तेरी
पलकें जो उठ जाए
मेरे

चेहरे की ओर
तुम
भूल चुकी हो जो
मैं
वह याद पुरानी लिख दूं॥

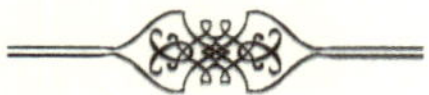

ब्याह करा दूं तोरा का

उम्र हो गई मोरे लल्ला
बात बता दे मौके भला
ब्याह करा दूं तोरा का
बता ना, ब्याह करा दूं तोरा का।

सुन ले तू मेरी मैया
राह तकत है बच्छा भैया
गैया चरालु अभी मां
बताया न, गैया चरालु अभी माँ।

गौ भक्ति में, कोई तुझसा काजी नैहा
गोबर फेंकने को, कोई राजी नैहा
हाथ बटादे मौरा ना
ब्याह करा दूं तोरा का।

ऐसी बात है जो मेरी मैया
वंश हो गौ रक्षक के खिवैया
गो सेवक को ला दे मेरी मां।

ब्याह करा दे मोरी मां
करा दे करा दे मोरी मां
ब्याह करा दे मोरी मां॥

अपनी आंखों से

आंखों से जो उसे दिखा दूँ
दुनियां मेहताब कहे जिसे।

देखे जो वो अपना अक्स
दुनियां गुलाब कहे जिसे।

आंखों को देख ख़ुमार आया
दुनियां शराब कहे जिसे।

वो अपने हुस्न पर इतरा रही
दुनियां आफताब कहे जिसे।

आज़ाद-ए-इश्क की मंज़िल
दुनियां तेरी किताब कहे जिसे॥

सोलह श्रृंगार

यह सोलह श्रृंगार तुम्हारा
वरण कर गया, तन मन सारा
रुनझुन-रुनझुन, कंगन की धुन
पायल कहती, हमको भी सुन।

बिछुड़ी ने है, डंक उतारा
हाथों पर मेहंदी मुस्काती
पोर-पोर में धंस शरमाती
मुंदरी ने मम चित्र उतारा।

माथे बिंदी चांद लजाता
मांग का टीका देह धड़काता
नाम लिखे सिंदूर हमारा।

नयन का अंजन यौवन छलके
केश का गजरा, तन-मन महके
गले हार पर जीवन हारा।

 डॉ. अशोक आज़ाद

होश उड़ाती नाशिका नथनी

कर्णफूल कहते बिंदु बंदिनी

बाजूबंद बंधा जग सारा।

कमरबंद जब चलती हो

चंचल हिरनी सी हरती हो

तोड़ रही हो सब्र हमारा॥

उसकी झील सी आंखें

उसकी झील सी आंखें देखकर

दिल का कोना-कोना, खिल उठता है

नजरें जैसे ही उसकी, मुझ पर गिरती है

मन विभोर हो, मेरा दिल खिल उठता है।

उसका यूँ दांतों से होंठ का दबाना

छत पर आकर बालों का सुखाना

आँखों को दबाकर हल्के से मुस्कुराना

हाय कातिल अदा उसकी करती है दीवाना।

जुल्फें उड़कर उसे हौसला दिए जाती है

इस तरह ना छोड़ हिम्मत को

समंदर में भंवर का आना बाकी है

जिंदगी में अभी कुंवर का आना बाकी है।

समंदर तो कई है, डूब जाऊं कहीं पर भी मैं

मगर तेरी धड़कन का, तेरी आंखें ही सहारा हैं

ढूंढना तो तुझे मुझे, बस एक ही किनारा है

तुझे हरे रंग की चाह है, मुझे लाल रंग प्यारा है॥

हुस्न

भरे शहर में हुस्न जब इश्क से मिले तो
उनसे कहो आंखें चार ना करें।

है जिंदगी में बहुत कुछ करने के लिए
कुंवारों से कह दो कोई, इन्हें गिरफ्तार ना करें।

कौन पार पा पाया, इन कातिल अदाओं से
हुस्न मयकदा है खुद को मयकदें में निसार ना करें।

माना हुस्न चाहत है, इश्क की हमेशा
हुस्न बेपर्दा रहने दो, भरे शहर इन्हें दागदार ना करें।

जमां ले कदम कुछ इस कदर दीवाने
पीछे हटने का जहन, में विचार ना करें।

माना मोहब्बत होती है, जवां दिल की धड़कन
हम क्यों अपनी धड़कन, हुस्न पर उधर ना करें।

है आंखों के तीरों की, चुभन मीठी सी
हमें इन्हें चखने को लाचार ना करें॥

क्या कहूं मैं

उसके गुलाबी होठों को
क्या कहूं मैं?
शराब कहूं या
जवाब कहूं मैं
ना जाने उन्हें देखकर
क्यों बेचैन होता हूं?
उसके हुस्न का
तलबगार बेताब कहूं मैं
कमसिन चेहरा उसका
मुझ पर यह तीखी आँखें
तुझे मस्त शबाब कहूं मैं
कुछ सिसकियां
तो फूट उठती हैं
जब नजदीकियों का
सवाल कहूं मैं
हालत मेरी
गुजरती जा रही है
कुछ इस कदर

तुम ही बताओ

कैसे दिल उसके?

नाम कहूँ मैं

मैं जानता हूं

आंधियां आएंगी

जब मिलन होगा

जीवन का गुलाब कहूं मैं

उनके गुलाबी होठों को

क्यों ना पैगाम कहूं मैं

मैं हूं तुझ में

खुद को तेरा नाम कहूँ मैं॥

ना जाने क्या हो गया

ना जाने वह घर से क्यों आई? और मैं दीवाना हो गया
होश कब खोया, मैं खुद-ब-खुद, खुद से अनजाना हो गया।

वह कहती है मुझे नींद नहीं आती, न जाने क्यों दिन-रात
मुझे तो यह भी याद नहीं, मैं कब जागा और कब सो गया।

लोग दिन-रात घेरे रहते थे, मुझे बड़ा अकलमंद समझकर
मोहब्बत होते ही मैं खुद, पूरी बेवकूफी का खजाना हो गया।

खबर आई थी उनकी मेरे पास, बीते कुछ साल पहले
उनसे ही पूछो पहली झलक को, देखे जमाना हो गया।

उन्होंने खबरदार किया था, मुझे मैं कोई चांद नहीं
कुछ तो बात है, दिल उसके लिए जो परवाना हो गया।

होश उस वक्त नहीं था मुझे, दीदार जिंदगी ले लेता है
मुझे याद ही नहीं, मैं पुरानी यादों से बेगाना हो गया।

आजाद की आज़ादी की मिलकियत, किसी ने लूट ली
लोग कहते हैं मेरे पास, शादी का बहाना हो गया॥

ख्वाब

उसकी झील सी आंखों को देख

उसकी आंखों में पूरा डूब जाने को जी चाहा

जब सुनी उसकी अनसुनी बातें

उसको दिल से लगाने को जी चाहा।

खुशमंद मौसम भी जो उसे लेकर आया था

चाहत की चाहत थी, उसने मुझे अपना बनाया था

ना जाने है कितना एतबार था, उसे मुझ पर

जान से ज्यादा प्यारे, राज-ए-दिल मुझे सुनाया था।

ख्वाब थी वह कोई शायद, ख्वाब लेकर ही आया था

लगा मुझे कि वह मेरा था, मगर सच में तो पराया था

आंखें खुली तो रजाई थी, वह ना मिली उसकी परछाई थी

वह कौन थी? जिसने मुझे, गहरी नींद से जगाया था

ख्वाब था कोई शायद, ख्वाब लेकर ही आया था॥

इश्क

इश्क में अगर बगावत के सुर ना उठे
तो इश्क का मजा क्या?

बारिश की फुहारों के बीच, ठंडी हवाओं के थपेड़े ना सहें
तो इश्क का मजा क्या?

इश्क की रोटी को गर्म सांसों के, बीच रख खा लेंगे
मोहब्बत की रोटी शहद का मजा ना दे, तो मजा क्या?

ना मिल पाए यह दो जिस्म, तो गम नहीं हमें
मिलकर भी अलग-अलग रहे हैं, तो इश्क की सजा क्या?

आँखे

आंखों का आंखों पर, वार होते देखा है
आंखों से आंखों में, निसार होते देखा है।

उन आंखों की क्या? धार कहूं
सीधे जहन से, पार होते देखा।

क्या खूब अदा है, यह भी आंखों की
आँखों से प्यार का, इजहार होते देखा है।

जिस्म कैसे ना खिंचे? उसकी ओर
इतना तेज आंखों का, प्रहार होते देखा है।

काश! ये आंखें, देखते रहे हमेशा मुझे
यह सोच दिल में, फुहार होते देखा है।

आंखों से आंखों का, इकरार होते देखा है
जेहन ने स्वीकारा, एकसार होते देखा है॥

कत्ल नहीं तो क्या? पल भर में ढेर कर दे
आंखों के हथियार का, समझदार होते देखा है।

ये आँखे ही है मिलने का, एहसास कराती हैं
टेढ़ी आँखों से कितनों को, गुनहगार होते देखा है।

इतनी सी मिन्नत है, मेरी इन आँखों से
खुद को शुमार से, बेशुमार होते देखा है।

जिस्म की तपिश से, थर्मामीटर थर्राकर फूटा
जब हमें चरम इश्क का, बुखार होते देखा है।

आंखों की तनातनी में, एक पल ऐसा भी आया
आंख डाले खुदा का आंखों ने, शुक्रगुजार होते देखा॥

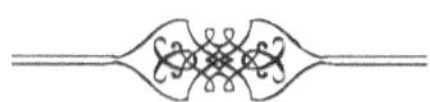

जो लिख दूं मैं

जो लिख दूं मैं तो बन जाए गजल
ना लिखूं मैं तो बन जाए अफसाना।

जो कह दूं मैं तो दिखे चाहत
ना कहूं मैं तो दिखूं दीवाना।

जो चल दूं मैं तो हो जाए कई अरमान ठंडे
ना चलूं मैं तो हूं मैं अरमानों का खजाना।

जो लगा दूं मलहम तो हूँ सच्चा साथी
ना लगाऊंगा मलहम तो हूँ दुश्मन पुराना।

जो बता दूं मैं रास्ता तो मिल जाए मंजिल
ना बताऊं अगर रास्ता, बुरा कहता है जमाना।

जो कह दूं मैं तो हर आरजू हो जाए पूरी
ना कहूं मैं तो इतिहास वर्षों का नजराना।

जो चंद ख्वाहिशों में दबिश नहीं दिया मैंने
बात गहरी है, कोई नग अब ना गहनों में सजाना।

आजाद की चंद बातों को अगर समझ लो
ना कहा है, उसका भी कोई मतलब लगाना॥

मेरी आंखों में ही

जो समझो तुम तो इसमें दुनियाँ है
ना समझो तो तुम्हारी नादानी है।

दिख जाओ तुम तो दुनियाँ है
ना दिखो तुम तो दुनियाँ वीरानी है।

हँस दो तुम तो पूरी दुनियाँ है
रूठो तुम तो लगता है, जिंदगी अंजानी है।

बता दो तुम तो दुनियाँ है
ना बताओ तुम तो बातें हमें दोहरानी है।

दो जिंदगी में एक छोटी सी दुनियाँ है
जो तेरी कहानी है, वही मेरी कहानी हैं।

आजाद कहता है कि उसकी दुनियाँ तुम हो
हम मिलकर कहते हैं यह हमारी जिंदगानी है॥

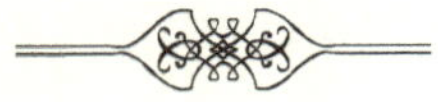

चिंगारी

दिल में चिंगारी को भड़का कर
वह मुस्कुराते फिरते हैं
आंखों से बात करके
अनजान हुआ करते हैं।

मौसम की क्या खता
हुस्न ने मौसम सजाया है
बात करें या ना करें वो
हम तो बात करने को मरते हैं।

वह तनहाइयों में सजती है
हमें तनहाइयां डसती है
हर रोज है नई-नई अदा उसकी
ना जाने कैसे? वो संवरते हैं।

देखना मेरा तो माकूल है
इश्क-हुस्न का टकराना उसूल है
कहने को ठंडी आहें लेते हैं
रातों को अकेले दोनों जलते हैं।

हम इजहार-ए-मोहब्बत करते हैं
वो इकरार-ए-मोहब्बत करते हैं
दिल धड़कता है उनका मेरे लिए
जमाने से ना जाने क्यों डरते हैं?

कोई समझाईश दे तो उन्हें
जवानी का नशा कब है सुने?
अपने होठों से कहो कम दहका करें
इश्क छू ले तो लावा भी पानी भरते हैं॥

अब के सजन

अब के सजन ऐसे मिलना
बांहे डालो तो दम निकले
मैं, मैं ना रहूं, तुम, तुम ना रहो
दोनों की जुबां से, हम निकले।

        अब के सजन ऐसे मिलना
        बांहे डालो तो दम निकले।

आंखों को राहत पूरी हो
तमन्ना जो भी अधूरी हो
मिलन हमारा ऐसा हो
बिरहा के सारे गम निकले।

        अब के सजन ऐसे मिलना
        बांहे डालो तो दम निकले।

पूरी हो हर अधूरी प्यास
बढ़ती जाती है मेरी आश
साथ हमारा ऐसा हो
अगन-अगन से नम निकले।

      अब के सजन ऐसे मिलना
      बांहे डालो तो दम निकले।

प्रेम दरिया जो फूटे अगर
सब्र का बांध जो टूटे अगर
मन लहरें अब उठकर पूरी हो
दिन निकले ही पीतम निकले।

      अब के सजन ऐसे मिलना
      बांहे डालो तो दम निकले।

हृदय गति को हम थामे हुए
तन-मन धन सब, तुम्हारे नामें हुए
समंदर प्यासा है, तेरी बूंद को
मिलन हो दोनों, बेदम निकले।

      अब के सजन ऐसे मिलना
      बांहे डालो तो दम निकले।

तुम्हारी चाहतों ने, सब तोड़े गुरूर

इतना तड़पाना भी, ठीक ना हुजूर

दहकते हुस्न को संभाले हुए

मिलने निकले भी तो, कम निकले।

अब के सजन ऐसे मिलना

बांहे डालो तो दम निकले।

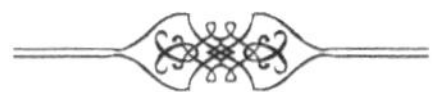

मन का भाव

सुन लो जानम तुम
गांव हुई जाती हो
नजारा तुम में रहता है
वह दांव हुई जाती हो।

तेरे बगैर हिले न
अगिया बगिया गंध
सुकून खारिज बैठा है
मन का भाव हुई जाती हो।

पनघट सूना जमघट सूना
सूना है हृदय भार हमारा
तपती दोपहरी नयन हमारे
नैनों की तुम छांव हुई जाती हो।

नदियों में तुमने करी अठखेलियाँ
रूप यौवन है तेरी सहेलियां
मैं मझधार में फंसा भंवरा
तुम ही खेवैया, नाव हुई जाती हो।

मैं बैठा हूँ दिल को थामे

कर दो अब तुम हृदय नामें

चल ना सकूं तुम्हारे बिना

मेरे मन की तुम, पांव हुई जाती हो।

डॉ. अशोक आज़ाद

हम बहकते बहकते

कुछ तो बोलो जरा
जुल्फें खोलो जरा
हम बहकते-बहकते बहक जाए।

ना बनो तुम मासूम
तुम्हारे माथे को चूम
हम बहकते-बहकते चहक जाएं।

ये रंगत, ये अंगत सब संवरने दो
ये बिगड़ती है तो बिगड़ने भी दो
हम बहकते-बहकते महक जाएं।

जब तुम अंगड़ाई लो
नजरों की लड़ाई लो
हम बहकते-बहकते ठहक जाएं।

तुम्हारी मदहोशी हो
हमारी खामोशी हो
हम बहकते-बहकते कुहक जाएं।

सुन लो बातें जरा
हो जाओ मेरी भला
हम बहकते-बहकते दहक जाएं।

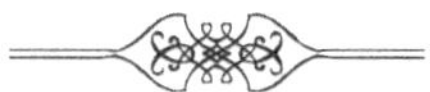

समय बड़ा बलिहारी है

तनातनी की फिर बारी है
तनातनी से सब हारी है
प्यार करले समय मत खोना
समय बड़ा बलिहारी है।

तुममें, मुझमें कमियां है
आंखों में भी नमियां है
तू-तू मैं-मैं, ठीक नहीं
हाथ मिला, उदास मन खारी है।
प्यार करले समय मत खोना
समय बड़ा बलिहारी है।

कोमल हृदय सबका है
दर्द अनुभव कब का है?
दिन रातों की गिनती छोड़
गले मिलें बिना, मत जाना
दिल बड़ा व्यापारी है।
प्यार करले समय मत खोना
समय बड़ा बलिहारी।

हृदय विदारक ना बातें हों

प्यार से प्यार की कहावतें हों

समझ-समझ में पीड़ा है

थाम हाथ को, साथ हमारी बारी है।

प्यार करले समय मत खोना

समय बड़ा बलिहारी॥

इतनी मोहब्बत है

इतनी मोहब्बत है तुझसे, एक बीज लगा आया हूं
जो मेरे महबूब का नाम है, वहीं पेड़ उगा आया हूं।

जिस राज से तू, खुद-ब-खुद अनजान है
हवाओं बता देना, मैं क्या बता आया हूं?

तूने मेरे खत को कहाँ? कैसे रखे हैं?
नई शाखों पत्ते पर लिखूंगा, जता आया हूँ।

बहुत मदहोश हुआ करता है, मौसम तेरे आने से
तेरे इत्र की खुशबू को, उसी पेड़ पर छुपा आया हूँ।

बहकते हैं कदम तेरी हर, अदा की अदा पर
हर अदा की बारीकी डालियों को, सिखा आया हूं॥

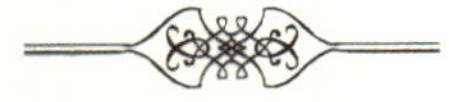

9 798886 299328